# Kreta

## lieben lernen

*Der perfekte Reiseführer für einen unvergesslichen Aufenthalt auf Kreta inkl. Insider-Tipps und Packliste*

## Maria Sprenger

Alle Ratschläge in diesem Buch wurden sorgfältig erwogen und geprüft. Eine Garantie kann dennoch nicht übernommen werden. Eine Haftung für jegliche Personen-, Sach- und Vermögensschäden ist daher ausgeschlossen. Die Benutzung dieses Buches und die Umsetzung der darin enthaltenen Informationen erfolgt ausdrücklich auf eigenes Risiko.

# ✈ INHALT

# Das erwartet Sie in diesem Buch

**O**b Sie eine malerische Natur und eine ruhige Umgebung zum Entspannen suchen, an Freizeittourismus-Aktivitäten interessiert sind oder antike griechische archäologische Stätten erkunden möchten. All das und mehr finden Sie auf Kreta.

Möchten Sie alles über die Insel Kreta, über ihre Geschichte, das Leben, die Bewohner, die Sehenswürdigkeiten, die Hotels, das Essen und mehr erfahren? In diesem Buch werden Sie Kreta näher kennenlernen: Was macht die Insel besonders und wie hat sie sich entwickelt? Sie werden auch über das Klima auf Kreta informiert, um sich entscheiden zu können, wann die beste Zeit für Ihre Reise ist. Mehr über die Insel, über Traditionen, Bräuche, den Charakter und das Leben auf Kreta, erfahren Sie auch. Die berühmtesten Sehenswürdigkeiten Kretas sowie die interessantesten Orte zum Besuchen und die Aktivitäten auf Kreta, die alle Besucher anziehen, werden Ihnen gezeigt. Wo Sie sich aufhalten können und die empfohlenen Restaurants erfahren Sie ebenfalls. Für Naturinteressierte gibt es Informationen dazu, welche Pflanzen und Tierarten auf Kreta leben. Am Ende finden Sie die wichtigsten Tipps für einen angenehmen Urlaub auf Kreta.

# Kreta

In Griechenland, dem Land der Byzantiner mit seiner ewigen griechischen Zivilisation, befindet sich Kreta, eine der schönsten Inseln Griechenlands mit malerischer Natur, archäologischen Stätten und historischen Denkmälern, die aus der Bronzezeit stammen – die Wiege der ältesten Zivilisationen in ganz Europa und eine wichtige Station für Touristen.

Sie ist die größte griechische Insel und steht an fünfter Stelle unter den Mittelmeerinseln in Bezug auf die Fläche. Sie befindet sich auf einem riesigen Land mit Landschaften, die von den atemberaubenden Küsten und zerklüfteten Bergen geprägt und mit Olivenbäumen gefüllt sind. Es gibt geschäftige Großstädte sowie ruhige Dörfer. Kreta trägt noch viele Spuren der vielen Zivilisationen, die die Insel im Laufe der Jahrhunderte bewohnt haben. Kreta besteht aus vier Hauptregionen: Heraklion, Chania, Agios Nikolais und Rethymno. Die größte Stadt und Hauptstadt der Insel ist das bevölkerungsreichste Heraklion. Heraklion ist ein Ort, wo Touristen antike Denkmäler und legendäre Paläste erkunden können.

# Geschichte

Seit mindestens 130.000 Jahren ist Kreta bewohnt. In der späten Jungsteinzeit und Bronzezeit war Kreta unter den Minoern und hatte eine sehr fortgeschrittene Zivilisation. Verschiedene antike griechische Einheiten wie das römische und byzantinische Reich haben die Insel regiert. Kurz nach der Unabhängigkeit 1897-1913 kam Kreta unter zeitweilige Regierungen, bis es dem Königreich Griechenland beitrat.

Vor 4.000 Jahren wurde die Insel von dem legendären König Minos gegründet. Er hat die minoische Zivilisation durch den Bau von schönen

Palästen und durch die Kontrolle über das Ägäische Meer gekennzeichnet. Danach blieb die Insel bis zum Aufkommen der islamischen Eroberung dem byzantinischen Reich untergeordnet. Das Territorium wurde in der Ära des Islams vom Kommandanten Abu Hafs Omar Al-Oakanda erobert und er errichtete dort ein islamisches Emirat, aber kurz danach hatten die Byzantiner es in der Zeit des Kaisers Naqfour II. 961 n. Chr. zurückerobert. Während des Vierten Kreuzzugs 1204 fiel Kreta in die Hände der Venezianer. 1913 war die Insel ein Teil des Besitzes des Osmanischen Islamischen Staates, heute ist sie administrativ dem Staat Griechenland beigetreten.

In der europäischen Geschichte werden die griechischen und römischen Zivilisationen erwähnt, aber es gibt eine alte Zivilisation, die ihnen vorausging, die minoische Zivilisation. Der berühmte griechische Dichter Homer, der die Insel Kreta in Ilias und Odyssee beschrieben hat, sagte in seinem Epos, dass Kreta 90 große Städte hatte. Es mag eine poetische Übertreibung sein, aber dass Kreta eine der wichtigsten Zivilisationen der Welt dieser Zeit war, ist eine Tatsache. Es hat der griechischen Literatur die wunderbarsten Legenden geliefert. Homer beschreibt, dass jede Stadt auf Kreta große und luxuriöse mehrstöckige Gebäude enthielt und dass die Hauptstadt Knossos das Zentrum des Handels und die Residenz von König Minos war. Seine Bevölkerung überstieg 100.000 Menschen, eine große Zahl im Vergleich zu den alten Städten. Die Straßen der Stadt waren mit Steinen gepflastert und es gab ein komplexes Abwassersystem, das aus Rohren aus Ton bestand und das erste seiner Art in der Welt war. Auf Kreta war die minoische Zivilisation als die älteste Zivilisation in Europa bekannt, wo sie in der Bronzezeit im 7. Jahrtausend v. Chr. begann und weiter bis zum ersten Jahrtausend v. Chr. blieb. Sie hatte die erste geschriebene Sprache in Europa und Experten in Bergbau und Handel.

Die minoische Zivilisation gedieh stark im dritten Jahrtausend v. Chr., bis sie im ersten Jahrtausend v. Chr. vollständig verschwand, als Folge der Eroberungen und Kriege. Dank Arthur Ivan, einem britischen Archäologen, wurde entdeckt, was diese Zivilisation erreicht hat. Er hat sie „die minoische Zivilisation" nach dem König Minos, der Begründer der Zivilisation, benannt. Minos ist eine der berühmten griechischen Legenden. Es wurde behauptet, dass er der Sohn des Gottes Zeus und der Göttin Europa sei. Die minoische Zivilisation brach 1420 v. Chr. zusammen, wahrscheinlich aufgrund eines riesigen Vulkanausbruchs des Berges Thera. Zu dieser Zeit kam die messianische Zivilisation an ihren Platz, mit einer anderen Sprache zum Lesen und Schreiben. Die Herrschaft Kretas wurde in der Antike von vielen griechischen Völkern regiert, aber sie war immer weitgehend vom Rest Griechenlands isoliert.

Während dieser Zeit wuchsen viele unabhängige Städte auf Kreta, die miteinander zu kämpfen hatten. 69 v. Chr. drangen die Römer auf Kreta ein und annektierten es. Die Insel war später unter byzantinischer Herrschaft. Unter byzantinischer Herrschaft wurde die Insel 467 von Anandal (Germanischer Stamm), 623 von den Slawen und 654 sowie 670 von den Muslimen überfallen. 820, nach 900 Jahren römischer Herrschaft, eroberten die muslimischen Haffas die Insel und gründeten das Fürstentum Kreta. Den Byzantinern gelang es 20 Jahre später, den größten Teil der Insel wiederherzustellen. Während ihrer Herrschaft errichteten die Hafsiden die Stadt Heraklion (einst in der islamischen Ära als Herrschaft des Grabens bekannt), die nach ihrer

Abreise weiterwuchs und zur größten und bevölkerungsreichsten Stadt Kretas wurde. Die Insel zog später in die Herrschaft der Kreuzfahrerkönige und dann in die Republik Venedig, die sie mit Geld kaufte und ihr das Recht einbrachte, fast 400 Jahre lang zu regieren. Kreta stand während der Renaissance in Italien unter venezianischer Herrschaft, und diese Zeit wurde in Form vieler Kunstwerke bewahrt, die noch auf der Insel verstreut waren.

Im Jahr 1669 wurde die Insel von den Osmanen erobert. Nach der osmanischen Eroberung flohen viele griechische Kreten in die Republik Venedig und in andere europäische Länder wegen des erbitterten Krieges zwischen den Osmanen und den Venezianern. Eine große muslimische Gemeinschaft, die hauptsächlich aus griechischen Kretern bestand, die sich entschieden, zum Islam zu konvertieren, wuchs auf der Insel auf, mit einer Bevölkerung von etwa 45 % zu Beginn des 19. Jahrhunderts, aber die griechische christliche Gesellschaft betrachtete sie als Türken. 1830 unterzeichneten die großen europäischen Mächte (Großbritannien, Frankreich und Russland) das Londoner Protokoll, das Griechenland das Recht auf Unabhängigkeit einräumte, in dem sich die europäischen Länder bereit erklärten, eine Volksrevolte in Griechenland gegen die osmanische Herrschaft zu unterstützen. Kreta wurde jedoch von diesem Protokoll ausgeschlossen, weil die Osmanen es an den Staat Muhammad Ali Pascha in Ägypten abgetreten hatten, aber die Osmanen eroberten die Insel später wieder. Zwischen 1866 und 1869 erlebte Kreta eine starke Volksrevolte gegen die Osmanen, die zur Errichtung eines autonomen Staates führte. Im Jahre 1897 erklärte das Osmanische Reich der Insel den Krieg, aber eine Allianz europäischer Mächte gelang es, die Insel im Jahr 1908 zu erobern. Danach ist sie dem Königreich Griechenland beigetreten, das heute der moderne Staat Griechenland ist. Ihre ehemaligen Bewohner sind türkische Muslime, von denen die meisten während des Bevölkerungsaustauschs im Jahr 1923 zwischen der Türkei und Griechenland in die Türkei zurückkehrten.

**Kreter sind die ersten in Europa, die schreiben konnten**

Einer der wichtigsten Indikatoren für den Fortschritt der Kreta-Zivilisation ist das Schreiben, wo Tontafeln und Siegel mit markanten und sich in horizontalen Linien wiederholenden Formen entdeckt wurden. Anscheinend wurden sie bei der Verwaltung von Geschäften im Handel verwendet und sie wurden bis heute noch nicht vollständig entziffert, aber es war sicherlich eine frühe geschriebene Form für die griechische Sprache später.

### Ein eigenständiges Imperium

Selbstversorgung war das Geheimnis der Macht Kretas und die Bevölkerung war sogar in der Lage, ihre Produkte in die nahegelegenen Länder zu exportieren. Sicherlich war das fruchtbare Land auf der Insel eine Chance für die Landwirtschaft, so pflanzten sie alle Arten wie Weizen, Gerste, verschiedene Früchte und zusätzlich die medizinischen Gewürze. So waren sie auf eine gesunde Ernährung bedacht. Kreter hatten eine Fülle von Öl und Wein, so dass sie es ins Ausland exportieren konnte. Sie bauten unterirdische Lager und hatten Pressen benutzt, um die Weinflaschen zu versiegeln, die die ersten ihrer Art in der Welt waren. Damals war der kretische Wein einer der besten Weine der Welt.

### Eine beachtliche Seestreitkraft

Während die nahegelegenen Zivilisationen auf Plünderungen, Diebstahl und Flucht auf Schiffen beruhten, war die minoische Zivilisation berühmt für ihren Seehandel. Sie hatten eine Flotte von Marineschiffen, die von sehr erfahrenen Seefahrern geführt wurden, die ihren Handel nach Griechenland, Sizilien, Syrien, Ägypten und Spanien brachten und ihre landwirtschaftlichen Produkte und Mineralien wie Kupfer, Zinn und Bronze exportierten.

# Klima

Das Klima auf Kreta ist ähnlich wie in Griechenland, ein typisches Klima, das die Merkmale des mediterranen Klimas teilt. 300 Tage Sonnenschein pro Jahr ist ein Merkmal für Kreta. Der Sommer ist warm und trocken, mit viel Sonnenschein und die Durchschnittstemperatur liegt zwischen 20 und 30 Grad Celsius, während die Wintermonate mit etwas Regen auf verschiedenen Regionen der Insel mild bleiben. Von Dezember bis März bleibt das Wetter mild und die Temperaturen am Tag bleiben zwischen 12 und 17 Grad. Am kältesten sind die Monate Januar und Februar. Im

Sommer, der von Juni bis August dauert, werden warme, trockene Tage durch den Monsun gekühlt. Diese trockenen Winde, die aus dem Norden wehen, können manchmal für kleine Boote und sogar für einige große Schiffe viele Probleme verursachen – obwohl sie nützlich sind. Die nördlichen und westlichen Berggebiete bekommen mehr Regen und im Winter sind diese Berge in der Regel für ein paar Monate mit Schnee bedeckt.

Es ist wichtig, darauf hinzuweisen, dass Kreta in der Regel das ganze Jahr, besonders im Sommer, trocken ist. Die Temperaturen können im Juni auf über 35 Grad steigen, im Juli und August kann man auch 40 Grad und mehr erwarten. Daher ist es empfehlenswert, viel Wasser zu trinken und lange Wanderungen in der Mittagshitze zu vermeiden. Die Lufttemperaturen können im Hochsommer tatsächlich ihren höchsten Wert im Südosten der Insel erreichen. Im Juli und August findet die Reisezeit natürlich ihren Höhepunkt. Und aufgrund des warmen Wetters werden die beliebten Strände in dieser Zeit stark besucht. Von Juni bis Oktober hat das Wasser eine Temperatur von 23 bis 27 Grad. Die Wassertemperatur kann im August noch mehr als diese

Werte erreichen. Faktisch ist diese Zeit des Jahres die beste Zeit für den Strandurlaub.

Auch der Frühling, die Monate März, April und Mai, kann eine optimale Zeit für einen Urlaub auf Kreta sein, wo die Temperaturen am Tag zwischen 17 und 23 Grad liegen, die besonders für einen aktiven Urlaub geeignet sind. Sie müssen aber auch damit rechnen, dass es Wind und gelegentlichen Regen geben kann. Wenn Sie es bevorzugen, unter freiem Himmel zu wandern, spazieren zu gehen, Fahrrad zu fahren und/oder Joggen zu gehen, sind die ersten schönen Tage im März auf Kreta ideal für Sie. Da das Wetter zu dieser Zeit wechselhaft sein kann, gehört der März auf Kreta noch zur Nebensaison. Die Nebensaison beginnt Ende März, wo die beste Zeit für einen ruhigen Urlaub ist. Die Vielzahl an hervorragenden Restaurants, Bars und Läden haben noch nicht geöffnet. Alle sind mit den Vorbereitungen für die Saison beschäftigt. Ende April beginnt die Saison und alle Tavernen, Cafés, Läden etc. öffnen ihre Türen.

Im Herbst (September, Oktober, November) gibt es ebenfalls die Gelegenheit, einen schönen Urlaub auf Kreta zu verbringen. Im September ist das

Wetter noch sommerlich und der Oktober ist noch sehr geeignet für das Baden. Das Klima bleibt immer noch eher trocken, es kann aber bereits in diesem Monat Regen geben, etwa 5 oder 6 Regentage. Eine Tagestemperatur von etwa 24 Grad und in der Nacht ungefähr 15 bis 18 Grad kann man erwarten. Abends wird es etwas frischer und kälter und Sie brauchen auf jeden Fall eine Jacke. Für Ausflüge und Tagesaktivitäten ist weniger Zeit, da die Tage kürzer werden. Das Baden ist immer noch möglich, wobei das Wasser eine Temperatur von 20 bis 25 Grad hat und die Strände leer sind. Das ist doch ideal für das Baden.

Im November ist es noch an vielen Tagen möglich, an den Strand zu gehen. Die letzten Besucher kehren in ihre Länder zurück, die Saison ist eigentlich zu Ende. Langsam kehrt überall etwas Ruhe ein. Das Klima auf Kreta im November kann sehr schön sein. Die Temperatur am Tag steigt manchmal über 20 Grad, während der Nacht liegt die Temperatur bei 12 Grad und fällt selten darunter. Es regnet häufiger im November, durchschnittlich gibt es 12 Regentage.

# Pflanzen und Tiere

**K**reta ist sehr reich an Pflanzenarten. Die Anzahl der pfälzischen Arten beträgt mehr als 1700.

**Dittany**

Dazu gehören auch dictamo (Origanum dictamnus), das von Hippokrates für seine Heilkraft berühmt gewordene Kraut, das heute von den Einheimischen zur Herstellung von Dittany of Crete Tee verwendet wird. Sie ist nur in den Bergen Kretas heimisch und gilt als eine hochtherapeutische Pflanze und als Aphrodisiakum. Sie wurde nach dem Berg Dikti benannt, dem angeblichen Geburtsort des Zeus, wo sie wild wächst. Andere Kräuter wachsen wild in ganz Kreta und werden sowohl in der kretischen Ernährung als auch aus therapeutischen Gründen verwendet.

### Kretische Platane

Eine weitere ungewöhnliche und einzigartige Pflanze, die auf Kreta endemisch ist, ist die immergrüne Kretische Platane (platanus orientalis, var. cretica). Dieser große Baum steht oft auf den Dorfplätzen und spendet den Einheimischen Schatten. Obwohl die meisten Platanen laubabwerfend sind, ist diese seltene Unterart immergrün, auf Kreta wurden etwa 50 Exemplare dieser Art registriert. Das berühmteste Beispiel dafür, das in den Mythen und Legenden der griechischen Mythologie hervorgehoben wird, ist die Platane von Gortys. Zeus soll unter dieser Platane, deren Blätter seither den ganzen Winter über grün bleiben, mit Europa Liebe gemacht haben. Die Platane befindet sich auf der Rückseite der archäologischen Stätte Gortys.

### Die Blumen Kretas

Die Blumen Kretas sind von erstaunlicher Vielfalt und wachsen reichlich auf der ganzen Insel. Wilde kretische Blumen, darunter seltene Orchideen, von denen viele endemisch sind, verleihen dieser schönen griechischen Insel das ganze Jahr über Farbe und einen süßen Duft. Der Frühling ist die beste Zeit, um eine riesige Anzahl wunderschöner Blumen auf Kreta zu sehen, wenn die Berge, Ebenen, Wälder und sogar die Meeresküsten mit Blumen bedeckt sind.

Kreta ist sicherlich nicht als Safari-Destination bekannt. Der Urlauber auf Kreta wird nur sehr wenige lebende Wildtiere sehen.

### Kretische Wildziegen

Die Wildziege findet man noch auf Inselteilen, die nicht bewohnt sind, z. B. vor der Küste und in der Samaria-Schlucht. Dort vermischen sie sich jedoch zunehmend mit den heimischen Ziegen, da einige der Hirten aus den Nachbarregionen ihre Ziegen in die Schlucht treiben, um die genetische Vielfalt zu erhöhen, und manchmal ist der eine oder andere domestizierte Geißbock darunter. Die Wildziegenpopulation wird auf etwa 2500 Tiere geschätzt. Sie werden sie sicher in den öffentlichen Gärten von Chania entdecken.

### Säugetiere nur auf Kreta anzutreffen

Zwei sehr seltene, endemische Säugetiere (d. h. sie kommen nur auf Kreta vor) sind die kretische Wildkatze (felis silvestris), von der nur noch wenige Tiere übrig sind, und die kretische Spitzmaus (croccidura zimmermanni). Andere Säugetiere, die auf der Insel leben, sind Dachse, Ratten, Hasen, Kaninchen, Igel, Marder, Hermeline und Fledermäuse. Es gibt keine Füchse, weshalb die Insel auch frei von Tollwut ist.

### Vogelarten

Gänse und sogar Bartgeier werden oft in den kretischen Bergen und vor allem über abgelegene Schluchten gesichtet. Es gibt auch Steinadler und Habichtsadler sowie Fischadler in den Asterousia-Bergen an der Südküste. Der Mäusebussard ist weit verbreitet. Eleonoras Falken kommen oft im Sommer. Störche werden auf Kreta fast nie gesehen. Sie meiden die Ägäis auf ihrem Weg von Europa nach Afrika und Südwestasien und ziehen es vor, näher an Land über den Bosporus zu wandern.

### Meeresschildkröten

Zwei Arten von Meeresschildkröten sind im Mittelmeer lebendig, die Grüne Meeresschildkröte

(Cehlonia mydes) und die Unechte Karettschildkröte (Caretta caretta). Beide können zwischen 1 m und 1,5 m lang werden. Die Caretta kehren in immer größerer Zahl zurück, um ihre Eier an den Sandstränden Kretas zu legen, seitdem Freiwillige ihre Nester schützen und Urlauber auf die Bedürfnisse der Schildkröten aufmerksam gemacht wurden. Die Menschen sollten Schildkröten überall dort, wo sie nisten, berücksichtigen und keine Sonnenschirme in den Sand treiben oder Sandburgen bauen. Die beste Praxis ist, sie in Ruhe zu lassen.

**Fischarten**

Der beste Ort, um zu sehen, welche Fischarten in der Ägäis zu finden sind, ist im Kretaquarium, das sich im Osten von Heraklion befindet, oder auf einem Fischmarkt. Ein 17 m langer Pottwal wurde 2008 sogar in der Ägäis gesichtet, aber im Allgemeinen sind Wale und Delfine im Mittelmeer zu einem seltenen Anblick geworden. Die Population der Meeresschildkröten hat sich jedoch stabilisiert, insbesondere jene der Caretta, die im Sommer auch die Sandstrände an der kretischen Küste zur Eiablage aufsuchen.

## Schlangen

Auf Kreta gibt es vier Schlangenarten. Keine von ihnen stellt eine Bedrohung für die Menschen dar. Wenn Urlauber jemals eine solche Schlange sehen, dann meist im Frühsommer, als Verkehrstod auf dem Asphalt liegend. Wenn Sie wandern gehen, könnte eine Schlange über Ihren Weg huschen – aber es sind scheue Tiere, die vor den Menschen fliehen. Die schönste Schlange auf Kreta ist die Europäische Rattenschlange, die nicht giftig ist.

Sie werden sie leicht an ihren Markierungen erkennen, rote bis rot-braune Flecken mit schwarzen Rändern auf grauem oder gelblichem Hintergrund. Sie werden maximal 1 - 1,2 Meter lang und fressen meist Eidechsen, Insekten und junge Mäuse. 3 bis 8 Eier legen die Schlangen, meist unter Steinen. Die jungen Schlangen befreien sich im August und September nach etwa 60 bis 70 Tagen aus den Eiern. Nur die Europäische Katzenschlange auf Kreta ist giftig, aber ihre Reißzähne sitzen so weit hinten im Kiefer, dass sie keine Gefahr für den Menschen darstellen. Außerdem ist ihr Gift sehr schwach. Diese Schlange wird bis zu 1 m lang und legt ebenfalls Eier. Ihre Jungen kriechen zwischen Juli und September aus den Eiern. Nachts beuten sie kleine Säugetiere wie Mäuse, aber auch Geckos und Eidechsen. Andere Schlangenarten, die auf Kreta gefunden wurden, sind die Würfelnatter und die Balkan-Peitschennatter. Beide sind völlig ungefährlich. Die Würfelnatter mit maximaler Länge von 90 cm lebt meist in der Nähe von Wasserläufen, da sie sich hauptsächlich von Amphibien, Molchlarven, Kaulquappen und Fischen ernährt. Dieses Tier kann tauchen und schwimmen und manchmal sogar im Flussbett auf ihre Beute warten. Sie ist nicht im Meer zu finden. Die Balkan-Peitschenschlange dagegen wird bis zu 1 m lang und bevorzugt einen steinigen, trockenen Lebensraum. Sie ernährt sich bevorzugt von Vögeln und kleinen Säugetieren, aber Heuschrecken und Eidechsen sind ebenfalls Futter für sie.

# Geografie

**Z**wischen drei Kontinenten im Mittelmeer – ca. 100 km von Europa, ca. 180 km von Asien und ca. 270 km von Afrika entfernt – befindet sich Kreta. Es blickt auf die Ägäis auf seiner Südseite, befindet sich 160 km südlich des griechischen Festlandes und ist eine rechteckige Insel mit einer Länge von 255 Kilometern zwischen West und Ost, mit einer Breite von 50 km und einer Fläche von 8.331 km. Kreta besteht aus zerklüfteten Bergen. Die Berge erstrecken sich von Ost nach West und sind in vier Hauptgebirgsketten unterteilt. Edi ist der höchste Gipfel auf der Insel. Diese Berge sind durch

Täler gekennzeichnet. Die längste Schlucht Europas und die bekannteste auf der Insel ist die Samaria-Schlucht, etwa 16 km lang. Es gibt weniger bekannte Schluchten wie die Imbros Schlucht, die auf der Askifou Hochebene beginnt und am Libyschen Meer neben Hora Sfakion endet. Auch finden wir auf der Insel die Kourtaliotiko Schlucht und die Kotsifou Schlucht, die in Rethymno fast direkt nebeneinander liegen. Es gibt mehr als 6.000 Höhlen in Griechenland und von diesen sind über die Hälfte auf Kreta zu finden: die Agia Paraskevi Höhle, die etwa 22 km von Heraklion entfernt liegt, die Dickton Andron (Psychro) Höhle, die etwa 2 km westlich von Agios Nikolaos liegt sowie die Eileithyia Höhle, Gerani Höhle, Ideon Andron Höhle, Kamares Höhle, Melidoni Höhle und Sfentoni Höhle.

Die Insel hat sechs Flüsse und einige Wasserquellen, die ihre Bewohner mit frischem Wasser versorgen, einige Teiche, einen Süßwassersee und mehrere künstliche Seen. Kreta verfügt über nicht besonders lange Flüsse, die während der Sommermonate trocken sind, beispielsweise der Fluss von Previle im Süden von Rethymno und der von Vrisses in Chania, die nie austrocknen. Anapodari ist der längste Fluss

Kretas, der zentral und südlich von Heraklion liegt.
Er liefert etwa 40 Millionen m³ Wasser und verläuft
in das Libysche Meer. Die Berge steigen allmählich in
eine tiefe Ebene auf der Nordseite der Insel ab, wo es
einen guten Strand mit vielen natürlichen Häfen
gibt. Und es gibt zwei große Städte, Chania und
Rethymno. Das wichtigste flache Gebiet auf Kreta
liegt im Süden und hat eine Länge von 18 km. Dort
sind viele Kiesstrände und Sandstrände, die von
Touristen häufig besucht werden. 1.046 km lang ist
die gesamte Küste Kretas, die mit ihren wunderschönen Stränden tausende Besucher anzieht. Leicht zugänglich und beliebt sind die Nordküstenstrände.
Die südlichen und westlichen Strände sind unbe-
rührt und besonders anziehend für Naturliebhaber.
Balos, Falasarna, Sougia, Kissamos im Nordwesten,
Paleochora, Plakias im Südwesten, Elafonisi, Georgioupolis im Norden, Vai im Nordosten und Myrtos im
Süden sind die bekanntesten Strände Kretas.

# Bevölkerung und Sprache

Die Bevölkerungszahl beträgt 623,065. Fast die Hälfte davon leben auf dem Land, während die anderen in den großen Städten wohnen. Sie gehören zu mehreren Rassen, vor allem leben hier aber Griechen und dann eine türkische Gemeinschaft, die auf der Insel während ihrer islamischen Herrschaft ankam. Die Inselbevölkerung ist in der Landwirtschaft tätig und produziert Weizen, Mais, Oliven, Trauben und Zitrusfrüchte. Ein Teil davon arbeitet in Marinehandwerken wie Fischerei,

Schwämme und Handel außerhalb der Insel, ein anderer Teil arbeitet in der Weidewirtschaft und in der traditionellen Industrie. Kreta hat eine kulturelle Vielfalt aufgrund der Vielfalt der Regierungsperioden und seiner geographischen Lage, die die drei Kontinente reibungslos und dynamisch zusammenbringt, was es zu einem wichtigen Punkt auf der Landkarte des Welthandels und des Tourismus macht, so dass für die Einwohner Kretas in der Gegenwart viele Sprachen bekannt sind, aber es ist ihnen gelungen, die Solidität ihrer griechischen Sprache 3000 Jahre lang aufrechtzuerhalten. Die griechische Insel Kreta vereint einige antike türkische, byzantinische und griechische Wörter, die heute nur noch von einigen älteren Menschen verwendet werden.

# Kreter, Bräuche und Traditionen

Die Bräuche und Traditionen sind ein wichtiger Aspekt der griechischen Kultur, Kreta wird von dem religiösen Charakter dominiert und die meisten Traditionen und Feste, die noch heute gefeiert werden, sind religiöse Feiern. Kreter haben sehr abergläubische Ideen, Bräuche und Traditionen, die von einer Region zur anderen variieren.

Die berühmtesten Feste sind die Feste zu Ehren des Heiligen und Beschützers jedes Dorfes. In allen regionalen Bezirken Kretas feiert jedes Dorf seine Heiligen mit Musik, Essen und traditionellen kretischen Tänzen. Die meisten Festivals finden während der Sommermonate statt, die Mitte August ihren Höhepunkt erreichen.

Religion in Kreta ist ein sehr wichtiger Aspekt der kretischen Kultur, sie ist ein integraler Bestandteil des täglichen Lebens, auch für diejenigen, die nicht eng an religiösen Richtlinien festhalten. Obwohl Weihnachten als ein wichtiger Feiertag betrachtet wird, ist Ostern der größte und wichtigste Feiertag. Die religiöse Tradition ist sehr intensiv und im Alltag der Kreter präsent. Kreta hat ein autonomes, vom übrigen Griechenland getrenntes Erzbistum. Kreta ist eine Reisestrecke mit Gotteshäusern und Klöstern, die eine wichtige historische Rolle gespielt haben, und so ist Kreta ein ideales Ziel für den religiösen Tourismus. Die christliche Tradition hat sich im Laufe der Jahrhunderte weiterentwickelt, besonders seit dem Besuch von Apostel Paulus. Apostel Paulus hat zwei Jahre auf der Insel gewohnt und während dieser Zeit hat er die neue Religion gepredigt. Abgelegene Orte klösterlicher Exilanten, Spuren frühchristlicher Basiliken, höhlenartige

Kapellen und byzantinische Kirchen sind überall auf Kreta zu finden. Die kretische Ikonographie ist vor allem in der venezianischen Ära aufgeblüht, wobei El Greco und Michael Damascenus die wichtigsten Vertreter waren.

In den Sommernächten organisieren verschiedene Städte der Insel Kunstausstellungen und Festivals mit Theater, Musik, Film und Tanz. Die Konzerte werden in Stadien, an archäologischen Stätten, auf den venezianischen Mauern von Heraklion und Chania oder in kleinen Theatern auf dem Land aufgeführt. Die religiösen Feiern werden immer von kretischer Musik und Tanz auf den Dorfplätzen oder in der Nähe der Kirchen umrahmt und lassen die Bräuche der minoischen Zeit wieder aufleben. Es gibt viele Veranstaltungen, die mit lokalen Produkten in Verbindung gebracht werden und immer ein Anlass für ein großes Fest sind. Die Feste mit Kartoffeln, Raki, Zucchini, Brot, Weizen, Wein, Käse, Schnecken, Kirschen und Äpfeln beinhalten eine kostenlose Verkostung der traditionellen Produkte jeder Region. Wenn der Winter kommt, hören die Feierlichkeiten nicht auf. Gruppen von Freunden versammeln sich in Kasanien (Raki-Brennereien), wo der Ritus des

Raki-Brennens bald zu einem traditionellen Fest mit Tanz und Musik wird.

Die Kreter sind stolz auf ihr kulturelles Erbe, das Tausende von Jahren zurückreicht, und auf die minoische Zivilisation, die auf Kreta um 3650 v. Chr. blühte und eine der ältesten Zivilisationen ihrer Art war.

Die Familie spielt eine große Rolle in der kretischen und griechischen Gesellschaft. Familienmitglieder spielen in den meisten Aspekten des Lebens eine Rolle, sie nehmen oft auf eine Weise am Leben des anderen teil, die von Fremden als Einmischung angesehen werden kann, und Familienmitglieder versuchen aktiv, einander zu helfen und finanzielle Unterstützung zu leisten. Hilfsangebote – auch emotional – werden allgemein akzeptiert und oft auf wechselseitige Weise ausgesprochen, so dass Angehörige einander helfen, Arbeit zu finden, oder sich sogar gegenseitig einstellen.

Kreter sind bekannt für ihre Gastfreundschaft und ihre stabile Haltung, die entscheidende Elemente sind, um ihre Manieren und Bräuche zu verstehen, und wenn Sie jemanden zum ersten Mal treffen, wird ein fester Händedruck der geeignetste

Gruß sein. Freunde, die sich seit langem kennen, können sich küssen, einige auf beiden Wangen. Im Allgemeinen mischen sich die Kreter oft in Ihren persönlichen Raum ein oder stellen Fragen, die in anderen Kulturen als sehr persönlich angesehen werden. Diese Intervention bedeutet keine Respektlosigkeit, sondern im Gegenteil, sie ist nur eine Möglichkeit, mit Menschen umzugehen und neue Beziehungen zu schaffen, ohne sich formal zu fühlen. Wenn Sie in einem kretischen Hause zum Abendessen eingeladen werden, sollten Sie viele Diskussionen am Esstisch erwarten, weil die Essenszeiten gute gesellschaftliche Anlässe für Kreter sind. Die Ablehnung von Lebensmitteln wird als unhöflicher Akt betrachtet. Sie sollten aufessen oder zumindest versuchen, alles zu essen, was auf dem Tisch steht, und Sie sollten helfen, die Gerichte auf den Esstisch zu stellen oder hinterher das Geschirr zu reinigen, das würde geschätzt werden.

Die Menschen auf Kreta sind freundlich, gastfreundlich und bereit, allen Touristen zu helfen. Fühlen Sie sich also frei, zu fragen und sich mit Kretern zu beraten, wenn Sie etwas brauchen. Besuchen Sie immer die Restaurants und Cafés, die von den

Einheimischen besucht werden, da sie in der Regel vertrauter sind und alles auf dieser Insel wissen. Ihre Türen sind das ganze Jahr offen, um Sie begrüßen zu dürfen.

# Das Leben auf Kreta

In den letzten Dekaden hat sich das Leben auf Kreta verändert. Die Kreter leben heute im Wohlstand. Die Landwirtschaft ist nicht mehr die hauptsächliche Beschäftigung für viele Kreter, die auf dem Land leben. Und mit der Zeit ist die traditionelle kleine Landwirtschaft zu einer kommerziellen landwirtschaftlichen Produktion geworden. Dörfer und ländliche Gebiete sind ein integraler Bestandteil der Geschichte, Bräuche und Traditionen Kretas, wo Schlamm- und Backsteinhäuser hier und da auf den Hügeln, über den Bergen, in der Nähe von Flüssen, in den Armen der malerischen Natur verstreut sind. Die meisten Bewohner, Frauen, Männer und Kinder, sind in der Fischerei und Landwirtschaft professionell tätig und basteln aus Keramik und Ton. Dort kann man das ruhige Leben und das Naturspektakel genießen. In einem lokalen Café treffen sich die Bewohner und trinken Kaffee. In einer gemütlichen Atmosphäre unterhalten sie sich oder spielen Karten oder 'Tavli "(griechisches Backgammon).

Der Charme der Hauptstadt Iraklion unterscheidet sich von seinen Schwestern, den Dörfern und Städten Griechenlands, durch eine erfrischende Atmosphäre, die Ihnen ein Gefühl der Vitalität und Liebe bringt. Es gibt eine Reihe von archäologischen Museen und historischen Handelszentren, die das Zentrum der kommerziellen und wirtschaftlichen Aktivität auf der Insel darstellen.

Die Insel ist die Heimat vieler alter Städte und mittelalterlicher Sehenswürdigkeiten, aber sie ist immer noch lebendig und modern mit modernem Leben und globalen Einkaufsmöglichkeiten.

# Die besten Urlaubsorte

Kreta ist eine der berühmtesten griechischen Inseln mit ländlichem Charme, zusammen mit einer Vielzahl von berühmten archäologischen Stätten am Meer, die viele Meeresfrüchte servieren, sowie mit vielen Höhlen von historischer Bedeutung. Viele Besucher wenden sich an die Fähren im Hafen von Athen, Piräus, um Kreta zu erreichen.

Die wichtigste Insel in Griechenland zeichnet sich aus durch eine reiche Geschichte, interessante

Kultur, natürliche Schönheit und durch viele Sehenswürdigkeiten. Während Touristen auf Kreta sind,
können sie viele Museen besuchen, die die herrliche
minoische Zivilisation repräsentieren. Eine Reihe
der berühmtesten Sehenswürdigkeiten Kretas kann
wie folgt dargestellt werden:

**Heraklion** ist die Hauptstadt. Heraklion war
einst der Haupthafen von Kreta und ist jetzt zum in-
dustriellen Zentrum geworden. Sie ist eine der größten Städte Griechenlands. Die Bewohner der Stadt
sind durch ihre Liebe zu Natur, Kunst und Sport aus-
gezeichnet. Heraklion ist eines der bekanntesten
Reiseziele Griechenlands mit einer Reihe wichtiger
Sehenswürdigkeiten wie der Menus Palace, der Palast von Knossos, das Historische Museum von
Kreta, Matala und die Altstadt. Es ist empfehlenswert, Heraklion zu besuchen, wo schöne historische
Gebäude und viele Museen zu sehen sind und wo
eine moderne Stadt zu erleben ist. Auf den ersten
Blick kann man erkennen, dass Heraklion nicht als
romantisch und schön bezeichnet werden kann. Sie
ist eher eine Stadt, die unkontrolliert expandiert. Um
die ruhigen Plätze zu finden, muss man schon ein
wenig suchen. Für die Museen sollte man unbedingt

genügend Zeit einplanen.

**Knossos** ist eine sehr alte königliche Stadt, gilt als eine der wichtigsten und berühmtesten touristischen Stätten auf Kreta und befindet sich 5000 Meter südlich von Iraklion. Die Stadt ist die Heimat einer einzigartigen Sammlung von Denkmälern der ersten entwickelten Zivilisation der Welt, von denen die berühmteste „der Palast von Knossos" ist, der viele Geschichtsinteressierte anzieht. Diese Stadt erfordert mehr Zeit und Mühe, um ihre Attraktionen zu genießen, und sie gilt als das wichtigste Touristenziel auf Kreta.

**Der Palast von Knossos** liegt fünf Kilometer südöstlich von Heraklion und symbolisiert eine der ersten antiken Zivilisationen der Erde. Er zeigt die berühmtesten Sammlungen der minoischen Zivilisation durch die prächtigen Denkmäler der Steinzeit und der Bronzezeit. Er ist einer der größten und illustresten Paläste Kretas und war die Hauptstadt von Minoan, 20 Minuten südlich der modernen Stadt Chania entfernt. Der Palast war seit der Jungsteinzeit bis zu seiner Zerstörung im Jahre 1375 v. Chr. bewohnt. Die Zerstörung leitete das Ende der minoischen Zivilisation ein.

**Rethymno** ist eine der ältesten Städte, die die Geschichte Kretas durch Denkmäler und durch die osmanische Architektur, die aus Festungen sowie Moscheen, byzantinischen Kirchen und anderen besteht, zeigt. Die Stadt zieht Touristen an, die es vorziehen, durch die engen Gassen zu wandern, ihre antiken Denkmäler kennenzulernen, insbesondere die schöne Burg und die Märkte, und traditionelles Essen in alten Restaurants zu genießen. In einer Ecke des Platanos Platz im Zentrum der alten Stadt befindet sich der Rimondi-Brunnen.

Das Archäologische Museum in Rethymno liegt direkt gegenüber dem Eingang von Palaiokastro Festung. Das Museum enthält Denkmäler aus der Jungsteinzeit bis zur Römerzeit, die in Rethymno, Eleftherna, Monastiraki und Armeni gefunden wurden. Sie können auch Tonfiguren, Bronzegefäße, Grabbeigaben Kassen, Statuen, Grabsteine, Schmuck und Glasvasen sehen.

**Elounda** ist ein bekanntes Urlaubziel auf Kreta und ein wunderschöner Ort, der weder zu dicht bevölkert noch zu isoliert ist. Elounda befindet sich an dem östlichen Teil Kretas südlich des Badeortes Plaka und nördlich von Agios Nikolaos. Ein idealer

Ort für einen Badeurlaub bietet Elounda an. Es wurde als eines der wunderschönsten Fischerdörfer in der Mirabello-Bucht bezeichnet. Dort finden Sie zahlreiche schöne Hotels, die südlich von der Mirabello-Bucht nebeneinander liegen. Ein lautes Nachtleben kann man in Elounda nicht erwarten. Auch abgelegene Strände findet man dort nicht. In Elounda haben Sie die Möglichkeit, die Sonne an kleinen schönen Stränden zu genießen, viele kleine Dörfer zu erkunden und auf Kolokytha zu spazieren, eine Halbinsel in der Nähe von Elounda. Sie können auch die schöne Insel Spinalonga erkunden. Die Preise in Elounda entsprechen in etwa denen im restlichen Kreta. Es geht nicht um die Preise in einem Luxushotel, sondern um die Preise in den kleineren Hotels, Mietwohnungen, Restaurants und Cafeterien.

**Agios Nikolaos** ist die Hauptstadt von Lasithi. Agios Nikolaos hat eine beneidenswerte Lage auf hügeligem Gelände mit Blick auf die sinnlich geschwungene Bucht von Mirabello. Agios Nikolaos hat einen starken lokalen Charakter, der der Stadt ein charismatisches, unaufdringliches Flair verleiht. Ein schmaler Kanal trennt den kleinen Hafen vom kreisrunden Voulismeni See, an dessen Ufer sich

Cafés und Restaurants befinden. Tagsüber eignen sich die Stadtstrände, die zwar nicht besonders groß oder schön, aber für ein paar Stunden zum Entspannen und Baden im Meer geeignet sind. In der Fußgängerzone über dem See gibt es auch einige anständige Einkaufsmöglichkeiten. Agios Nikolaos kommt nachts wirklich zur Geltung, wenn ein lebhaftes Ambiente auf den See, den Hafen, die Strände und die Lounge-Bars mit stilvollen jungen Griechen und Urlaubern aus den nahegelegenen Ferienorten trifft.

**Samaria gorge** liegt im Südwesten von Kreta. Dies ist einer der schönsten touristischen Orte in Kreta und ein wunderbarer Nationalpark, der als einer der schönsten Parks in Europa betrachtet werden kann und für einen Familienurlaub geeignet ist. Einige denken, es ist ein Stück Europa wegen seiner extremen Schönheit und herrlichen grünen Aussicht. Der Park hat Wasserfälle, Korridore, Hänge und malerische Landschaften. Samaria gorge endet mit einem sehr schönen und herrlichen Strand. Die Reise zu diesem Ort dauert einige Zeit (4 bis 7 Stunden) und diese Hänge können durch Wandern zwischen den Bergen erreicht werden, wo Sie viele Pinien sowie alte Zypressen finden. Nach einem

Spaziergang in diesem Ort können Sie mit Wasserbooten nach „Chora Sfakion" fahren.

**Die Kourtaliotiko-Schlucht** ist ca. 20 km von Rethymnon entfernt, in unmittelbarer Nähe von Koxare Dorf und endet an der Lagune von Previle. Sie wird auch Asomatos-Schlucht genannt und als ein wunderschönes Naturwunder bezeichnet. Die Länge dieser Schlucht beträgt etwa 2,5 km. Die wilde Landschaft macht sie zu einem wunderschönen Ort, wo es vielfältige Pflanzen- und Tierarten gibt, besonders die seltsamen Vogelarten. Wer ein Abenteuer in der Wildnis sucht, kann sein Urlaubziel in der Kourtaliotiko Schlucht finden.

**Das Heraklion Museum** ist eines der berühmtesten griechischen Museen und ist im Laufe der Jahrhunderte berühmt geworden, weil es eine einzigartige Sammlung von minoischen Denkmälern sowie Kunstwerke aus der Bronzezeit enthält. Besucher kommen, um den Blick auf die Artefakte zu genießen. Dieses Museum enthält Ausstellungen zu der antiken Geschichte, die prähistorische Epochen bis zur antiken römischen Geschichte zeigen, und gilt als die schönste Touristenattraktion auf Kreta.

## Chania Old Venetian Harbour

Er gilt als einer der ältesten griechischen Häfen, der zwischen 1320 und 1356 gegründet wurde und eines der wichtigsten Handelszentren auf Kreta bis zum 20. Jahrhundert war. Der Hafen hat viele Boote sowie kleine Yachten. Dies bietet viele touristische Leistungen für Besucher, aber dieser Hafen ist nicht in der Lage, große Schiffe unterzubringen. Der Leuchtturm ist das berühmteste Merkmal dieses Hafens und ist einer der ältesten Leuchttürme der Welt, der von 1595 bis 1601 gebaut wurde. Der Hafen ist attraktiv für viele Besucher, die Seebootsfahrten mögen, ein wenig Ruhe und die berühmte griechische Küche in Restaurants entlang des Hafens genießen möchten.

**Nautical Museum of Crete** ist auch als Nautisches Museum von Chania bekannt. Das Museum wurde im Jahr 1973 gegründet. Im alten Hafen von Chania am Eingang der Burg Firka befindet sich das Museum. Es enthält eine sehr große Sammlung von Modellen moderner und alter Schiffe, nautischen Instrumenten, Kriegsrelikten und Erinnerungsstücken sowie von historischen Fotografien und Gemälden, die alle in chronologischer Reihenfolge geordnet sind, aufgeteilt in mehrere Abschnitte wie Symbole, venezianische Besetzung, Bronzezeit, Nachkriegszeit etc. Die Erkundung des Museums ist eine unterhaltsame Aktivität, die mit der Familie oder mit Freunden unternommen werden kann.

**Balos Beach** ist einer der schönsten Strände Kretas, liegt in der Nähe von Kisamos, kann mit dem Boot oder mit dem Auto erreicht werden und wird von vielen Besucher bevorzugt, da es hier die malerische Natur und eine schöne Landschaft gibt. Einer der besten Orte auf Kreta, der Ihnen einen echten Einblick in die faszinierende natürliche Schönheit ermöglicht, ist der berühmte Cornus-See, der während der Monate Juli und August stark besucht wird, um dem heißen, trockenen Wetter zu entkommen. Zwischen Juli und September liegt die Temperatur zwischen 22°C und 27°C. Dies motiviert und ermutigt viele Besucher, Kreta und seine Strände zu besuchen.

**Collins Burg**. Schließlich wurde diese prächtige Burg im 16. Jahrhundert erbaut. Es ist einer der historischen Orte auf Kreta, deren Zutritt für Besucher nicht gestattet ist, aber Sie können einige Souvenir-Bilder rund um das Gebäude von außen aufnehmen.

**Loutro village** liegt an der Südküste der Insel und ist ein sehr kleines Dorf. Es empfiehlt sich dennoch, es zu besuchen, weil Sie dort wirklich das antike Griechenland sehen werden. Um es zu erreichen, müssen Sie eine Bootsfahrt zu dem Dorf unternehmen oder eine Bergroute abwandern. Sie können sich zurücklehnen und einige Meeresfrüchte am Meer in einer atemberaubenden Aussicht genießen. Das Dorf ist einer der schönsten Orte auf der Insel.

**Spinalonga Insel** ist eine kleine Insel, die sich in unmittelbarer Nähe von Kreta befindet. Sie können die Insel mit einem kleinen Boot von Kreta aus erreichen. Es ist einer der charmanten Orte, wo Sie über die Geschichte von Venedig auf der Insel lernen können. Dieses Gebiet war eine Kolonie, aber heute ist es ein wunderbarer touristischer Ort. Sie können Boote sehen, die den Hafen alle 30 Minuten verlassen.

**Holy Trinity Monastery.** Lassen Sie sich überraschen, wenn Sie dieses Kloster besuchen. Es ist ein wunderbarer Ort und von innen mit Gold bemalt. Das Kloster ist einer der wichtigsten historischen Orte auf der Insel und es ist voll mit freundlichen Katzen.

**Fishing Village**. Ja, es ist wirklich ein Fischerdorf, berühmt für seinen Charme und jedes Jahr von vielen Touristen besucht. Alles, was Sie tun müssen, wenn Sie das Dorf besuchen, ist, mit einem Schwimm- und Angelset zu kommen. Es gibt einen wunderbaren Strand, den Sie erkunden und an dem Sie ein paar Stunden während Ihres Urlaubs sitzen können.

**Festos Palast** ist ein sehr attraktiver Palast für Besucher und sogar der attraktivste auf Kreta. Er liegt im Süd-Zentrum der Insel, 55 km südlich von Heraklion und nur wenige Minuten von den herrlichen archäologischen Stätten wie Matala entfernt. Er zieht jedes Jahr unzählige Besucher an und spiegelt Kretas historischen Status wider.

**Malia Palast**. Er ist der drittgrößte Palast auf Kreta und wurde in der Nähe des Meeres und auf dem Weg, der den Osten und das Zentrum von Kreta verbindet, in einer privilegierten Lage gebaut.

**Matala Beach**. Der Matala Gold Beach ist 65 km südwestlich von Heraklion entfernt und ist berühmt für seine Länge von 300 Metern und für das klare Wasser.

**Lasithi** liegt östlich von Kreta, wo die Bewohner

in vier städtischen Zentren wohnen: Agios Nikolaos, Irapetra, Sitia und Neapoli. Hier finden Sie den legendären Wald und Mirabello Bay, Windmühlen auf dem Plateau der Insel, kristallbedeckte Strände, schöne Städte und Luxus-Hotelresorts, die es alle wert sind, entdeckt zu werden.

**Aquaworld Aquarium.** Eine der berühmtesten Attraktionen auf Kreta ist das Aquarium Museum. Es ist das größte Aquarium in Europa und hat eine große Anzahl von Fischen und seltene Meereslebewesen, die aus dem Mittelmeer stammen, zu bieten. Das Museum ist eines der schönsten Museen, das die Aufmerksamkeit aller Altersgruppen von Touristen auf sich zieht.

**Falasarna Beach.** Dieser Strand liegt in der westlichen Region der Küste von Kreta, ist durch das saubere Wasser und den weichen weißen Sand gekennzeichnet und ist mit Sonnenschirmen und Stühlen ausgestattet, die die Besucher mieten dürfen. Der Strand ist ein wunderbarer Touristenort, wo es Unterkünfte gibt sowie Restaurants und Luxusgeschäfte.

**Finikas Beach.** Dieser Strand ist auch als Finikodaso – Palmenwälder – bekannt. Und aus dem

Namen können wir schließen, dass dieser Strand einen riesigen Obstgarten von Palmen enthält, es sind insgesamt mehr als 500 Palmen.

**Previle Beach** ist ein ruhiger und attraktiver Strand mit einer großen Menge von Palmen und einem kleinen Wasserfall. Der Tourismus hat sich wiederbelebt und blüht an diesem Strand seit 2010 besonders für diejenigen, die Ruhe, Erholung und Romantik wollen.

**Damnoni** liegt 35 km südlich von Rethymnon und 5 km östlich von Plakias. Es ist ein beliebter Touristenort, sehr gut entwickelt und organisiert. Der Strand, der sich vor dem Resort erstreckt, ist eine lange Bucht mit schönem türkisfarbenem Wasser und grobem weißlichen Sand. Hier finden Sie alle Dienstleistungen eines gut organisierten Strandes wie Sonnenschirme, Snackbars, Duschen, Umkleideräume, Wassersport, Tauchzentrum, großartige Hotels, Restaurants, ein Reitzentrum usw. Am westlichen Ende des Strandes gibt es einen kleinen Fluss, der fast das ganze Jahr über Wasser führt. Das östliche Ende des Strandes ist ruhiger und über eine kurze Schotterstraße mit den angrenzenden Stränden von Ammoudakii verbunden. Viele kleine

Buchten sind an dem westlichen Ende des Strandes zu finden, in denen man sich isolieren kann. Diese befinden sich in unmittelbarer Nähe zum kleinen Hafen des Gebiets.

**Mount Ida**. Der höchste Berg Kretas, der 2. 456 Meter (8. 057,7 Fuß) hoch ist, ist der Berg Ida oder Psiloritis. Er gilt als heiliger Berg. Aus der Legende ist bekannt, dass Zeus in seiner Kindheit dort gelebt hat. Dort liegt ebenfalls die Zeus Höhle, auf der Nida-Hochebene. Als Teil des europäischen Wanderwegs E4 ist der Berg ideal fürs Wandern, wo Sie schöne Natur sehen und kleine Dörfer kennenlernen können.

**Dickton Cave**. Die Legende zeigt, dass Zeus in dieser Höhle versteckt war, um zu verhindern, von seinem Vater gefressen zu werden. Rhea erlitt ein schweres Schicksal durch ihren Mann Kronos, der seine Kinder unmittelbar nach ihrer Geburt gegessen hatte. Sie beschloss, eines ihrer Kinder vor ihrem Mann zu verstecken, bis dieses Kind aufwächst und zum König der Götter – Zeus – wird. Der Eingang zu dieser Höhle befindet sich 1025 Meter über dem Meeresspiegel in der Nähe eines fruchtbaren Plateaus, das 6000 v. Chr. bewohnt wurde.

# Aktivitäten auf Kreta

Eine große Auswahl an Aktivitäten bietet die Insel Kreta an.

**Tauchen**

Kreta ist der beste Ort, an dem Sie die atemberaubende Unterwasserwelt entdecken können. Dort ist Tauchen ein unvergessliches Erlebnis, wo eine große Anzahl an Tauchclubs zur Verfügung stehen. Es gibt auch die Möglichkeit, eine schöne Zeit bei Ausflügen mit dem

Glasbodenboot zu verbringen, an den Angeltouren teilzunehmen oder die Küsten durch Schnorcheln zu erkunden. Die spektakulären Tauchplätze auf der Insel finden Sie an der felsigen Küste von Kalyves bis Georgioupolis und in der Souda Bucht, wo es viele felsige Abgründe und Höhlen gibt. Unter ihnen sticht die Unterwasserhöhle der Elefanten hervor, die ihren Namen aufgrund der versteinerten Knochen der Elefanten erhielt, die sich noch immer auf dem Boden befinden. Die Halbinsel Gramvousa und die Küsten um Kap Spatha sind auch für das Tauchen geeignet. Viele Tauchausflüge zum Skinaria Strand bei Plakias werden von Tauchschulen angeboten.

Der Meeresboden von Skinaria ist in der Tat einer der beeindruckendsten der Insel, wo das Leben unter Wasser blüht und die horizontale Sichtweite mehr als 40 m beträgt. Außerdem ist die felsige Küste, die sich von Skaleta bis Geropotamos nördlich von Rethymnon ausbreitet, voll mit Höhlen und ideal für die Unterwasserforschung. Auf der Insel befinden sich mehrere Tauchschulen, an den Stränden von Ligaria und Mononaftis. In Hersonissos und Malia gibt es auch mehrere Tauchschulen, die in der Regel Tauchausflüge auf die Insel Dia anbieten.

Zusätzlich finden Sie mehrere Tauchplätze in Lassithi, auf der Insel Agii Pantes, in Agios Nikolaos und am Voulisma Strand. Ein wunderbares Erlebnis erwartet Sie, wenn Sie den Meerboden an den wilden Ufern des Kap Sidero entdecken. Andere interessante Orte, die man beim Schnorcheln erkunden kann, sind Itanos, Elounda und die alten Unterwassersiedlungen von Koufonisi.

## Radfahren

Das zerklüftete Gelände Kretas ist ein Paradies für Liebhaber von Geländefahrten. Das Radfahren auf Feldwegen, am Rande steiler Hänge mit atemberaubendem Meerblick, ist ein einzigartiges Erlebnis. Radfahren, entweder im Gelände oder auf asphaltierten Straßen, ist eine wunderbare Möglichkeit, das Hinterland zu erkunden. Viele Unternehmen und Radsportclubs sind in diesem Sektor tätig. Die Radtour von Kreta ist eine der bekanntesten Radsportveranstaltungen und zieht viele Besucher aus der ganzen Welt an.

## Ski

Das Skibergsteigen, ein aufregender Wintersport, der Trekking auf verschneiten Flächen mit Skifahren verbindet, zieht auf Kreta immer mehr Fans an. Viele Kreter neigen dazu, die weißgetünchten Berge zu besteigen und die Hänge auf Skiern oder auf dem Snowboard hinunterzufahren. Psiloritis und Lefka Ori gelten als ideal für das Skibergsteigen, während das Dikti-Gebirge auch einige Orte zu bieten hat.

### Balos Beach

Dieser Strand ist der schönste touristische Strand Kretas. Für viele ist dies eine der wichtigsten Aktivitäten auf Kreta und definitiv einer der besten Strände. An der westlichen Spitze Kretas, hinter Kissamos, liegt der Strand von Balos. Sobald Sie die 1 € Eintrittsgebühr pro Person für die Fahrt auf der nicht enden wollenden Schotterstraße zum Parkplatz bezahlt haben, müssen Sie zum Balos Beach laufen. Auf dem gesamten Weg nach unten haben Sie den schönsten Blick auf den Balos Strand und die verschiedenen Blautöne, die ihn umgeben. Den Tag hier zu verbringen, ist entspannend, kühl und idealistisch. Sparen Sie jedoch etwas Trinkwasser, denn der einzige Ausweg ist, die ganze Treppe, die Sie gerade heruntergekommen sind, wieder hinaufzugehen. Sie können für etwa 5 € Esel reiten. Ein Besuch zu diesem Strand auf Kreta ist ein Muss.

## Zum Kournas-See gehen

Der einzige Süßwassersee Kretas liegt in einem Tal inmitten grüner, sanfter Hügel. Der See ist nicht massiv, aber er ist es wert, ein paar Stunden anzuhalten, um das klare, blaue und frische Wasser zu sehen. Hier kann man für 5 € ein Paddelboot mieten und das ruhige Seewasser genießen.

## Wanderung durch Samaria-Schlucht

Dies ist ein Nationalpark Griechenlands und ein Hauptreiseziel für Touristen auf Kreta. Es ist wohl einer der besten Orte auf Kreta und wird von vielen Touristen gerne besucht. Besucher können durch die Schlucht von der Omalos-Hochebene bis nach Agia Roumeli wandern. Die Wanderung dauert fünf bis sieben Stunden, je nach körperlicher Fähigkeit und je nachdem, wie oft man anhält. Die Sommer in Griechenland sind sehr heiß und sehr feucht, also sollten Sie früh anfangen und viel Wasser mitbringen, um einen schrecklichen Tag zu vermeiden.

## Spaziergang durch Rethymno

Rethymno ist eine farbenfrohe Küstenstadt mit dem besten Nachtleben Kretas und auf jeden Fall einen oder zwei Tage für die Erkundung wert. Sie können hier einen ganzen Tag verbringen, indem Sie einfach durch die Gassen und Kopfsteinpflasterstraßen schlendern und jedes einzelne der bunten Gebäude fotografieren. Wenn Geschichte Ihr Ding ist, dann ist Rethymno voller antiker Ruinen, oder Sie können einfach am Hafen entlang promenieren und aus der Fülle von Restaurants auswählen, in denen Sie essen können.

# Hotels

**M**it luxuriösen Resorts auf goldenem Sand und herrlichen Stränden ziehen Griechenlands Inseln viele Touristen an, darunter Kreta, einer der beliebtesten Urlaubsorte, wo es überall schöne Hotels gibt. Es steht eine große Anzahl an Unterkünften und Hotels zur Verfügung, in denen Sie Ihre Reise genießen können.

**Atlantis Beach Hotel**
Dieses Hotel liegt in Rethymno, ca. 1,5 Kilometer vom Venedig Hafen und der Altstadt entfernt. Mit einer blauen Flagge und an einem Strand, der mit

seinem goldenen Sand eine bezauberte Landschaft ist, ist es eines der schönsten Hotels Kretas. Jedes Zimmer verfügt über eine Klimaanlage und einen Blick auf die bezauberten Gärten, die das Hotel umgeben. Sie verfügen auch über einen Kühlschrank und einen LCD-Sat-TV. WLAN ist kostenfrei. In der Nähe des Hotels finden Sie das Museum Venetian Fortress, das Archaeological Museum of Rethymno, das Center of Byzantine Art und den Municipal Garden. Im Restaurant Knossos, das vor Ort ist, können Sie Gerichte aus der griechischen und der kretischen Küche genießen.

### Stella Palace Resort & Spa

Das Stella Palace liegt 500 m vom Strand Analipsi sowie 550 m vom Aposelemis Beach entfernt. Es bietet geräumige Zimmer und Suiten, die von Gärten und herrlichen Palmen umgeben sind, und gehört ebenfalls zu den besten Hotels der griechischen Insel Kreta. Dort finden Sie 2 Lagunen-Pools, 3 Kinderbecken und 2 Tennisplätze. Eine große Auswahl an sportlichen Aktivitäten wie Basketball, Badminton und Wassergymnastik haben Sie hier. Analipsi ist bei Reisenden, die an Erholung, regionaler Küche und Sonne interessiert sind, sehr beliebt. Vier

Restaurants, die verschiedene Gerichte servieren, sind vor Ort. Poseidon Restaurant bietet internationales Essen, Elia Restaurant ist ein einheimisches Restaurant, im La Veranda gibt es leckeres italienisches Essen und das Restaurant Enso serviert asiatische Gerichte.

**Elounda Bay Palace**
Es wird abermals als eines der besten Hotels auf Kreta angesehen, liegt in unmittelbarer Nähe von Elounda, von vielen weitläufigen Gärten umgeben, mit Blick auf die Bucht von Mirabello, und bietet luxuriöse Unterkünfte mit unverwechselbarer Aussicht an. Die in der Nähe befindlichen Strände sind nur in wenigen Minuten erreichbar. Das Hotel ist für Familien sehr geeignet und als zweites Zuhause zu betrachten. Es verfügt über einen schönen Pool, der direkt über die Terrasse von vielen Zimmern zugänglich ist. Die Zimmer enthalten Klimaanlagen, Kamine, Minibars und Flachbildfernseher. Es bietet kostenlose WLAN und Parkplätze an.

**Ibis Styles Heraklion Central by Accor**
Ibis Styles Heraklion Central by Accor spiegelt den modernen Charakter von 4-Sterne-Hotels wider.

Jedes Zimmer im Hotel verfügt über viele moderne Möbel wie LCD-Bildschirm, kostenlosen Internetzugang, einen elektronischen Safe und eine Minibar. Das Hotel liegt im Zentrum von Heraklion. Viele wichtige archäologischen Museen und der Palast von Knossos sind in unmittelbarer Nähe des Hotels zu finden. Der internationale Flughafen von Heraklion, der Morocini Brunnen und die venezianischen Mauern befinden sich in der Umgebung des Hotels. Das Hotel verfügt über ein Restaurant mit einer Auswahl an köstlichen Gerichten und über Parkplätze.

**GDM Megaron, Historical Monument Hotel**

Das 1925 erbaute Hotel GDM Megaron wurde als Denkmal für Kreta ausgewiesen. Dieses renommierte Hotel ist klassisch und elegant und dies zeigt sich in den Zimmern mit einer Reihe von Dekoren, die die Raffinesse und den Luxus des Designs widerspiegeln. Das Hotel liegt zentral in der Hauptstadt Heraklion, sodass der internationale Flughafen Heraklion und der Hafen von Heraklion in wenigen Minuten erreichbar sind. Auch das archäologische und historische Museum ist in seiner Nähe. Und zusätzlich liegt ein Fitnesscenter neben dem Hotel. Es verfügt über einen Pool, Tagungsräume und ein

Restaurant mit köstlichen Gerichten. Das GDM Megaron liegt im Herzen von Heraklions Geschäfts- und Einkaufsviertel.

## Das Royal Sun Hotel

Es ist ein wunderschön gestaltetes 3-Sterne-Hotel mit einer Reihe von Zimmern, die mit grünen Holzmöbeln eingerichtet sind und über raumhohe Fenster verfügen. Es bietet klimatisierte Unterkünfte mit einem eigenen Balkon. Das Hotel ist etwa 3 km vom Stadtzentrum Chanias entfernt. Der internationale Flughafen Chanias und der Suda Hafen befinden sich in unmittelbarer Nähe. Das Hotel verfügt über ein griechisches Restaurant, eine Loungebar, ein Fitnesscenter und einen Pool. Zu den Sporteinrichtungen zählen ein Fitnesscenter und eine Tischtennisplatte. Das Hotel Royal Sun dient am Morgen mit einem Büfettfrühstück. Das Restaurantmenü bietet eine breite Reihe von mittelmeerischen Gerichten an. In der Hallenbar können Sie die exotischen Getränke finden. Sie können griechische Kochkunst in einer Bar probieren, die sehr nahe am Hotel gelegen ist.

# Restaurants

**W**enn Sie beabsichtigen, einen Urlaub auf Kreta zu verbringen, müssen Sie eine Menge köstlicher Speisen schmecken. An jedem Ort auf Kreta werden Sie die Pracht des Essens entdecken. Sie werden dort zum Beispiel leckeren kretischen Käse, Dakos aus Stücken von frischen Tomaten gekocht, sowie Schafskäse und Olivenöl probieren können. Kretas Küche unterscheidet sich nicht von der berühmten griechischen Küche. Die kretische Küche ist in erster Linie vegetarisch, eine Kombination aus italienischer Küche, Balkan und anatolischen Gerichten und besteht hauptsächlich aus Olivenöl, Gemüse, Kräutern und Getreide sowie Brot und Fisch. Fleisch und Geflügel sind auch wichtige Zutaten. Sie ist reich an vielen frischen und köstlichen mediterranen Gerichten, die Sie in Restaurants und Bars probieren können. Lassen Sie sich die kulinarischen Köstlichkeiten Kretas nicht entgehen.

**Agistri**: an diesem Ort finden Sie die billigsten frischen Fischgerichte in der Umgebung. Das Restaurant bietet ein echtes Modell für Familienprojekte, wo der Besitzer des Restaurants arbeitet und fischt, während sein Sohn und seine Tochter als Service- und Buchungspersonal arbeiten und die Mutter köstliche lokale Gerichte kocht. Das Restaurant ist intim, warm und weiterempfohlen für alle, die die Meeresfrüchte mögen.

Adresse: Angathias-Zentrum neben Palekastro.

Preise: von 15 € bis 20 € pro Person.

Öffnungszeiten: ab Montag bis Sonntag ab 18 Uhr.

**Tamam:** Dieses Restaurant begann als erstes Restaurant, vegetarische Produkte im Nahen Osten in den 1980er Jahren zu servieren, aber jetzt arbeitet es daran, jeden Geschmack zu befriedigen, indem sie ein umfassenderes Menü bereitstellen. Die Speisekarte enthält Vorspeisen wie „Marathokeftédes

„(bestehend aus wunderbarem Leinen-Fenchel-Kuchen),"Kalitsounákia" (bestehend aus einigen köstlichen kretischen Käsesorten), „Pilaf" (iranisches Gericht), Grillgerichte, „Keqta" und andere Spezialitäten. Das Restaurant serviert auch einige der leckersten Desserts, darunter Käsekuchen mit Himbeersauce oder Erdbeeren.

Adresse: Zambeliou 49, 1 Block, Hania Old Port.

Preise: ab 4 € bis 17€ pro Person.

Öffnungszeiten: Montag bis Sonntag 13:00 bis 01:00 Uhr im Sommer und 13:00 bis 22:00 Uhr im Winter.

Zahlungsart: Bar- oder Kartenzahlung.

**Das Restaurant To Pigadi** ist ein romantischer Ort, an den Sie Ihren Partner ausführen können auf eine Reise von Spaß und Romantik. Alles in diesem Ort ist charmant! Beginnend mit kretisch-griechischen Gerichten wie „Hortokeftédes", einem Gemüsekuchen, bis hin zu „Mylokópi-Gericht", das mit zusätzlichen Kartoffeln und Gemüse serviert wird. Desserts sind oft schnell ausverkauft, deshalb sollten Sie Ihr Dessert mit Ihrer Mahlzeit bestellen. Die Mengen können begrenzt sein, aber die Qualität und die Preise sind angemessen.

Adresse: Xanthoudidou 31, Rethymno.

Preise: ab 30 € pro Person.

Öffnungszeiten: jeden Tag bis 23:30 Uhr geöffnet.

Zahlungsart: Zahlungskarten werden akzeptiert.

**Methexis Restaurant** ist immer beliebt, weil es einfach die besten und leckersten Gerichte serviert, zusammen mit ungewöhnlichen Gerichten wie Ziegengericht mit Austern und andere köstliche Raritäten. Bis 20.45 Uhr wird das Abendessen auf der offenen Terrasse serviert und das Restaurant verfügt über eine geschlossene Terrasse. Es wird von einem Holzofen beheizt, der oft im Winter verwendet wird.

Adresse: End der East Coast Street Paleéhora.

Preis: 18 € bis 23 € pro Person.

Öffnungszeiten: täglich von mittags bis Mitternacht. Im Winter ist das Restaurant montags geschlossen.

Zahlungsart: nur Bargeld.

**Bakaliko Restaurant:** Die Speisekarte von Bakaliko umfasst Frühstücksgerichte, die den ganzen Tag serviert werden, und heiße Getränke, wechselnde Fruchtsäfte, köstliche Gemüsebrötchen, Salate und Hauptgerichte. Vergessen Sie nicht, einen guten Platz für Desserts zu lassen, die, je nach Wahl, ein Käsekuchen im New Yorker Stil, ein Eis aus Schafsmilch, kleine Milchprodukte, Zeus-Kuchen mit dunkler Schokolade oder eine Pistaziensüßigkeit sein können.

Adresse: Hauptplatz, Aran Village, ca. 14 km südlich von Ercleo – ebenfalls 9 km von der Rückfahrt zum alten Knossos.

Preise: Ab 25 €, was für die Qualität, den Service und natürlich das Essen sehr vernünftig ist.

Öffnungszeiten: Ganzjährig (täglich, Frühstück ab 10:00 Uhr, andere Mahlzeiten bis 21 Uhr).

Zahlungsart: Zahlungskarten werden akzeptiert.

# Tipps

## Die Wahl der richtigen Zeit

Der Zeitraum von Mitte Mai bis Juni und von September bis Ende Oktober ist die beste Zeit, um diese schöne Insel zu besuchen. Da die Insel im Juli und August stark besucht wird, es ist nicht empfehlenswert, sie in dieser Zeit zu besuchen.

Ein kurzer Besuch auf Kreta kann nicht ausreichen, um alle archäologischen und natürlichen Stätten und Strände zu besuchen. Da es eine Insel voller Sehenswürdigkeiten ist und es viele Aktivitäten gibt, brauchen Sie mindestens zehn Tage oder zwei Wochen, um all diese Aktivitäten zu genießen und verschiedene Sehenswürdigkeiten zu besuchen.

Sie sollten einen Zeitplan erstellen, in dem Sie organisieren, welche Orte Sie beabsichtigen, zu besuchen. So können Sie Zeitverschwendung vermeiden und Ihren Urlaub nutzen, indem Sie die größte Anzahl von Gebieten auf der Insel besuchen.

### Essen in lokalen Restaurants

Es wird empfohlen, in einheimischen Restaurants zu essen, da sie preislich geeignet und nicht so überteuert wie touristische Restaurants sind.

### Trinkwasser

Man kann das Leitungswasser überall auf Kreta trinken, das Wasser in dem östlichsten Teil kann aber sehr salzig schmecken. Deshalb müssen Sie Wasser in Flaschen kaufen. Das ist sehr billig.

### Trinkgeld

Für einen guten Service können Sie Trinkgeld auf der Rechnung hinterlassen, üblicherweise 10 %. Das gilt für Cafés, Restaurants und alle Tavernen. Das ist auch in Hotels und für Taxifahrer üblich.

### Bargeld mitnehmen

Obwohl Kreditkarten fast überall akzeptiert werden, vor allem in städtischen Zentren, akzeptieren die meisten Straßenverkäufer und Kioske nur Bargeld, also wenn Sie auf einer Tour sind, um lokale Produkte und Souvenirs zu kaufen, ist es am besten, etwas Geld dabei zu haben.

### Reisen rund um Kreta

Öffentliche Busfahrpläne, die die Insel mit den großen Städten verbinden, können oft unregelmäßig sein, was Ihre Reiseroute erheblich beeinflussen kann. Ein Auto zu mieten ist der ideale Weg, um die Vorteile zu nutzen, eine wunderbare Zeit auf der Insel zu genießen. Wenn Sie auf der Reise nach Kreta zwischen schönen Wanderwegen oder schönen Bergen wandern möchten, gibt es ein paar Dinge, die Sie wissen müssen. Es ist wichtig, gute Schuhe zu tragen, sehr vorsichtig mit Felsstürzen zu sein und viel Wasser zu trinken.

### Öffnungszeiten Supermärkte

Die üblichen Öffnungszeiten für Supermärkte auf der Insel sind von 08:00 bis 21:00 Uhr, außer Samstag und Montag, wo sie ab 14:00 Uhr geschlossen sind. An den Sonn- und Feiertagen sind die Supermärkte geschlossen. Einige Läden sind von 09:00 bis 21:00 geöffnet. In den touristischen Gebieten auf

Kreta sind viele Supermärkte und Geschäfte 24 Stunden offen, wo Sie rund um die Uhr schoppen können. Einige Geschäfte haben bis 23 Uhr und auch an Sonn- und Feiertagen nicht geschlossen. Dies gilt nur für die Hauptsaison. Die Öffnungszeiten für Tankstellen variieren, einige haben von 8 bis 21 oder 22 Uhr offen. Sie können auch Tankstellen finden, die länger geöffnet haben, dies gilt nicht für Sonn- und Feiertage. Diese üblichen Zeiten gelten auch für Apotheken. Außerhalb dieser Zeiten können Sie auch Apotheken finden, die offen haben. Jede Apotheke stellt ein Schild auf, das Ihnen zeigt, wie Sie die in der Nähe offene Apotheke erreichen.

### Für Schwimmbegeisterte

Kreta ist ein großartiges Ziel und ideal für Schwimmbegeisterte, Sonnenbadegäste und Schnorchler. Der Strand von Elavonisi, der sich im äußersten Südwesten der Insel befindet und über weißen Sand und kristallklares Meerwasser verfügt, sowie Balos Bay im nordwestlichen Teil der Insel, sind bekannt für das transparente Meerwasser und den schönen weißen Sand.

**Preise**

Allgemein sind die Preise auf Kreta nur noch gering-
fügig unter denen in Deutschland. Aber man muss
beachten, dass die Preise in den Tourismuszentren
deutlich über dem deutschen Durchschnitt liegen
können. Griechenland war ein Billigreiseland, aber
das ist schon eine ganze Weile her. Man kann Geld
sparen, indem man die Insel in der Nebensaison besucht, wo man noch richtig preiswert unterkommen
und leben kann, allerdings muss man dann auch Ein-
schränkungen in Kauf nehmen.

**Geld- und Zahlungsbedingungen**

In den meisten Städten stehen viele Geldautomaten
zur Verfügung, aber in den kleinen Dörfern kann der
nächstgelegene Geldautomat bis zu 30 km entfernt
sein. Es könnte sein, dass Sie mit Kreditkarte in vielen Laden, Cafés, Tavernen und Restaurants nicht
bezahlen können. Deswegen müssen Sie immer Bargeld dabei haben. Auch an vielen Tankstellen ist Kartenzahlung nicht möglich.

**Ein beliebter Ort voller Geheimnisse**

Chania liegt auf der westlichen Seite von Kreta, dominiert von herrlichen weißen Bergen und unver-
gleichlichen Bildern der Natur. Hier können Sie

durch die engen Gassen der Altstadt wandern, die einem Labyrinth ähneln. Die schönen venezianischen Paläste, Brunnen und die antiken Orte, die Ihnen helfen, gut erhaltene historische Denkmäler zu entdecken. In dieser schönen Stadt können Sie den überdachten Markt besuchen, der 1911 erbaut wurde. Dort können Sie frische saisonale Produkte, einzigartige lokale Geschenke, kretischen Käse, Honig, frisches Obst und Gemüse einkaufen. Ein Ort, der bei Touristen beliebt ist und wo sie Geld sparen können.

Kreta ist zweifellos eine einzigartige Insel, ein Reiseziel, das Sie nie in der Welt finden werden, und es ist ideal, um die Wurzeln der Geschichte und die Essenz der griechischen Kultur zu entdecken. Dort können Sie Ihre Reise genießen, einen unvergesslichen Urlaub verbringen und ihre Strände, Schätze und die Natur genießen. Wenn Sie noch nicht auf Kreta waren, könnte dieser Sommer eine gute Zeit sein, um diese wunderbare griechische Insel zu entdecken, die Sie mit der lächelnden Sonne, dem Duft von Orangenblüten und Jasmin und den schönsten frischen Meeresfrüchten willkommen heißen werden.

# Packliste

## Geld & Finanzen

O (evtl.) Auslandswährung
O Bargeld
O Bauchtasche
O Brustbeutel
O Bauchtasche
O EC-Karte
O Kreditkarte
O Notfall-Telefonnummern der Banken
O Portmonee

## Hygiene

O Haarbürste / Kamm
O Deo (klein)
O Shampoo
O Kulturtasche
O Sonnencreme
O Taschentücher

O Reise-Zahnbürste und Zahnpasta
O Verhütungsmittel

## Kleidung

O Badeklamotten
O Gürtel
O Hosen kurz / lang
O Mütze / Cap / Hut
O Pullover
O Regenjacke
O Schlafanzug
O Socken
O Sonnenbrille
O Sportklamotten / Jogginghose
O T-Shirts
O Unterwäsche

## Medikamente

O Blasenpflaster
O Anti-Durchfalltabletten
O Erste-Hilfe-Set

O Fiebertabletten

O Fiebertabletten

O Mückenschutz

O sonstige Medikamente

O Pflaster

O Kopfschmerztabletten

## Unterlagen & Papiere

O ADAC Unterlagen

O Adresslisten für Postkarten

O Krankversicherungsnachweis

O Stadtplan

O Führerschein

O Unterlagen für die Unterkunft

O Wasserdichte Hülle für Reiseunterlagen

O Impfausweis

O Mietwagenunterlagen

O Personalausweis

O Reisepass

O Reisetagebuch

O evtl. Studentenausweis

O evtl. Visum

O Zug- / Bahn- / Flugticket

## Taschen & Rucksäcke

O Koffer / Trolley / Reisetasche

O Regenhülle für Rucksack

O Rucksack

## Schuhe

O Badeschlappen / Hausschuhe

O Schuhe und Wechselschuhe

## Sonstiges

O Brille / Kontaktlinsen und Etui

O Buch zum Lesen

O Ohrenstöpsel und Schlafmaske

O Regenschirm

O Reisedecke

O Wasserflasche

O Wörterbuch

## Elektronik

O Digitalkamera
O Handy
O Ladekabel
O Kopfhörer
O evtl. Steckdosenadapter
O Power-Bank

Herstellung und Verlag:
BoD – Books on Demand, Norderstedt
ISBN: 9783751900324

© Maria Sprenger 2020
1. Auflage
Kontakt: Psiana eCom UG/ Berumer Str. 44/ 26844 Jemgum
Covergestaltung: Fenna Larsson
Coverfoto: depositphotos.com